BEI GRIN MACHT SICH IHR WISSEN BEZAHLT

- Wir veröffentlichen Ihre Hausarbeit,
  Bachelor- und Masterarbeit

- Ihr eigenes eBook und Buch -
  weltweit in allen wichtigen Shops

- Verdienen Sie an jedem Verkauf

Jetzt bei www.GRIN.com hochladen
und kostenlos publizieren

GRIN

Die Plattform macht den Chatbot. Entscheidungsfaktoren für eine erfolgreiche Entwicklung

Luke Weaver

Bibliografische Information der Deutschen Nationalbibliothek:

Die Deutsche Nationalbibliothek verzeichnet diese Publikation in der Deutschen Nationalbibliografie; detaillierte bibliografische Daten sind im Internet über http://dnb.d-nb.de abrufbar.

ISBN: 9783389090275
Dieses Buch ist auch als E-Book erhältlich.

Druck und Bindung: Books on Demand GmbH, Norderstedt Germany
Gedruckt auf säurefreiem Papier aus verantwortungsvollen Quellen

Das vorliegende Werk wurde sorgfältig erarbeitet. Dennoch übernehmen Autoren und Verlag für die Richtigkeit von Angaben, Hinweisen, Links und Ratschlägen sowie eventuelle Druckfehler keine Haftung.

Das Buch bei GRIN: https://www.grin.com/document/1519091

Projektbericht zum Modul BADMMP

Die Plattform macht den Chatbot
Entscheidungsfaktoren für eine erfolgreiche Entwicklung

Nürnberg, 01.10.2024

Inhaltsverzeichnis

1 Einleitung

Die rasante Entwicklung künstlicher Intelligenz hat zu einem bemerkenswerten Aufstieg von Chatbots geführt. Diese computergestützten Konversationsagenten, die menschliche Gespräche simulieren, finden immer breitere Anwendung in verschiedensten Bereichen unseres Lebens. Ob im Kundenservice, im Marketing, in der Bildung oder im Gesundheitswesen – Chatbots revolutionieren die Art und Weise, wie wir mit Technologie interagieren.

Die Vielfalt der verfügbaren Chatbot-Plattformen ist ebenso beeindruckend wie die Technologie selbst. Jede Plattform bietet spezifische Funktionen, Stärken und Einschränkungen. Die Auswahl der richtigen Plattform ist daher keine triviale Aufgabe, sondern erfordert eine sorgfältige Abwägung zahlreicher Faktoren. Die Komplexität der Plattformwahl ergibt sich aus der Interaktion zahlreicher Faktoren. Zum einen ist die Bandbreite der verfügbaren Plattformen enorm, von einfachen No-Code-Lösungen bis hin zu hochgradig anpassbaren Enterprise-Lösungen. Jede Plattform bietet unterschiedliche Funktionsumfänge und ist für verschiedene Anwendungsfälle optimiert. Zum anderen sind die Anforderungen an einen Chatbot je nach Einsatzgebiet höchst unterschiedlich. Ein Chatbot für den Kundenservice muss beispielsweise in der Lage sein, eine Vielzahl von Anfragen zu beantworten, während ein Chatbot für die interne Kommunikation vor allem effizient und schnell sein muss.

Das Finalziel dieser Ausarbeitung ist es, einen umfassenden Überblick über verschiedene Chatbot-Plattformen zu geben und die Faktoren zu identifizieren, die bei der Auswahl der optimalen Plattform eine entscheidende Rolle spielen Um dieses Ziel zu erreichen, werden mehrere Modalziele verfolgt:

1. Detaillierte Analyse der einzelnen Plattformen
2. Identifikation relevanter Auswahlkriterien
3. Vergleich der Plattformen anhand der ausgewählten Kriterien
4. Formulierung von Empfehlungen

Der Aufbau der Arbeit leitet sich direkt aus der Zielhierarchie ab. Zunächst werden die theoretischen Grundlagen geklärt, indem die zentralen Begrifflichkeiten von Machine Learning, natürlicher Sprachverarbeitung erläutert werden. Besonderes Augenmerk wird dabei auf die beiden zentralen Prozesse der natürlichen Sprachverarbeitung gelegt: das Verständnis der Benutzerabsicht und die Generierung natürlicher Antworten. Im Hauptteil der Arbeit erfolgt eine detaillierte Analyse der ausgewählten Plattformen. Dabei werden die jeweiligen Stärken und Schwächen sowie die spezifischen Funktionalitäten herausgearbeitet.

Anschließend werden verschiedene Entscheidungskriterien für die Auswahl einer Chatbot-Plattform definiert und diese anhand der Kriterien gegenübergestellt.

Schließlich werden die Ergebnisse zusammengefasst und eine Bewertung vorgenommen, die auf die Erreichung des Finalziels ausgerichtet ist.

Diese Arbeit leistet einen Beitrag zur systematischen Bewertung von Chatbot-Plattformen und bietet Entscheidungsträgern eine fundierte Grundlage für die Auswahl der geeigneten Lösung.

2   Theoretischer Hintergrund

Das vorliegende Kapitel legt den theoretischen Grundstein für die anschließende Analyse verschiedener Chatbot-Plattformen. Dabei werden die zentralen Konzepte und Technologien beleuchtet, die für das Verständnis von Chatbots von Bedeutung sind. Insbesondere wird auf die Bereiche des Machine Learning und der natürlichen Sprachverarbeitung eingegangen[1]. Darüber hinaus spielen auch die Integration des Chatbots in bestehende Systeme, umfassende Tests und ethische Überlegungen eine entscheidende Rolle, welche jedoch den Rahmen dieser Arbeit sprengen würden. Es ist wichtig zu betonen, dass die konkreten Anforderungen jedes Projekts eine individuelle Anpassung dieser Grundlagen erfordern. Die erfolgreiche Entwicklung eines Chatbots setzt somit eine interdisziplinäre Zusammenarbeit voraus.[2]

2.1   Machine Learning

Maschine Learning sprich maschinelles Lernen ist ein Teilgebiet der künstlichen Intelligenz, welche darauf ausgelegt ist, menschliche Intelligenz abzubilden, indem sie Computer befähigt aus Daten zu lernen und Vorhersagen zu treffen, ohne explizit programmiert zu werden.[3] Das Ziel des maschinellen Lernens besteht darin, aus großen Datenmengen Muster zu extrahieren und diese Erkenntnisse zur Lösung spezifischer Probleme einzusetzen.

Eine zentrale Unterscheidung im maschinellen Lernen wird zwischen überwachtem (**supervised**), unüberwachtem (**unsupervised**) und verstärkenden (**reinforced**) Lernen getroffen. Beim überwachten Lernen werden dem Modell sowohl Eingabedaten als auch die entsprechenden korrekten Ausgaben bereitgestellt, während beim unüberwachten Lernen ausschließlich Eingabedaten vorliegen. Das verstärkende Lernen hingegen simuliert eine Interaktion zwischen einem Agenten und einer Umgebung, wobei der Agent durch Belohnungen oder Strafen dazu lernt, optimale Entscheidungen zu treffen.[4]

Der Entwicklungsprozess eines maschinellen Lernmodells ist iterativ und umfasst die Definition des Problems, die Datenerhebung und -vorbereitung, die Auswahl und das

---

[1] Vgl. (Schumacher, 2024)
[2] KI-basiertes Paraphrasieren mit dem Tool [Gemini]
[3] Vgl. (El Naqa, Li, & Murphy, 2015)
[4] Vgl. (Burko, 2019)

Training eines geeigneten Modells, die Bewertung der Modellleistung und gegebenen-falls die Optimierung des Modells. Herausforderungen bei der Anwendung von maschi-nellem Lernen sind unter anderem die Gewährleistung der Datenqualität, die Vermei-dung von Über- oder Unteranpassung und die Interpretierbarkeit komplexer Modelle.[5]

2.2 Natürliche Sprachverarbeitung

NLP ist als eine der Schlüsseltechnologien für der Entwicklung intelligenter Chatbots bekannt. Sie befähigt diese Systeme, menschliche Sprache zu verstehen, zu interpre-tieren und darauf adäquat zu reagieren. NLP-Techniken umfassen ein breites Spektrum an Methoden und Algorithmen zur Analyse und Verarbeitung von Textdaten.[6] Um die Funktionsweise von Chatbots besser zu verstehen, ist es wichtig, das Zusammenspiel von NLU und NLG im Detail zu betrachten. Im Folgenden werden die einzelnen Schritte dieser Prozesse anhand konkreter Beispiele und Erläuterungen vertieft beschrieben.[7]

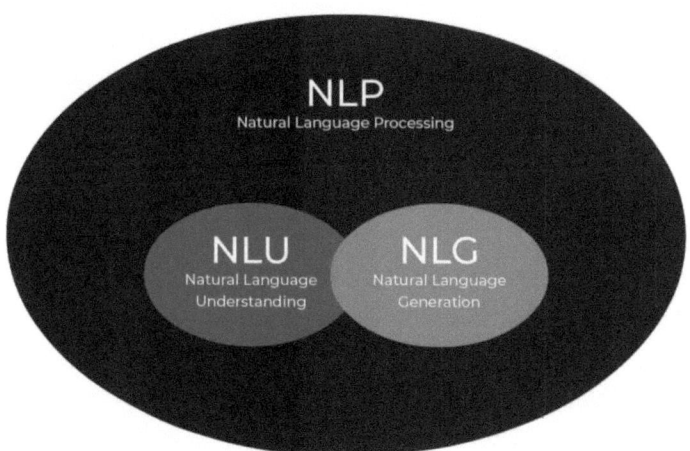

Abbildung 1 – NLP[8]

---

[5] Vgl. (Saltz, 2022)
[6] Vgl. (Chao, Trappey, & Wu, 2021)
[7] Vgl. (Khurana & Khatter, 2022)
[8] Vgl. (Wuttke, 2024)

2.2.1 Der NLU-Prozess: Verstehen der Benutzerabsicht

Der NLU-Prozess beginnt mit der Eingabe des Benutzers, die in der Regel in Form von Text oder Sprache erfolgt. Diese Eingabe wird zunächst vorverarbeitet, um Fehler wie Rechtschreibfehler oder Groß- und Kleinschreibung zu korrigieren.

Nehmen wir an, ein Benutzer gibt folgende Eingabe in einen Chatbot ein: "Kannst du mir sagen, wie spät es in berlín ist?".

1) Vorverarbeitung:
   - Umwandlung von "Berlin" in Großbuchstaben.
   - Korrektur von eventuellen Rechtschreibfehlern ("Berlín" zu "Berlin").

Anschließend wird die Eingabe in einzelne Wörter oder Token zerlegt und jeder Token mit einer Wortart versehen.

2) Tokenisierung:
   - Zerlegung der Eingabe in die Tokens: "Kannst", "du", "mir", "sa-gen", "wie", "spät", "es", "in", "Berlin", "?".
   - Zuweisung von Wortarten:
     "VERB", "PRON", "PRON", "VERB", "ADV", "ADJ", "PRON", "PRÄP", "NOUN ","PUNC".

Der nächste Schritt im NLU-Prozess ist das Chunking, bei dem Phrasen wie Subjekt-Verb-Objekt-Phrasen identifiziert werden.

3) Chunking:
   - Identifizierung der Phrase "du mir sagen".

Danach werden benannte Entitäten wie Personen, Orte oder Organisationen erkannt.

4) Namenserkennung:
   - Identifizierung von "Berlin" als benannte Entität vom Typ "Ort".

Die semantische Analyse befasst sich mit der Bedeutung von Wörtern und Phrasen im Kontext des Satzes. Dazu werden semantische Ressourcen wie Wortnetze oder Ontologien verwendet.

5) Semantische Analyse:
- Bestimmung der Bedeutung von Wörtern im Kontext des Satzes:
- "Kannst" - Hilfsverb, das die Fähigkeit ausdrückt, etwas zu tun.
- "du" - Pronomen, das auf den Benutzer verweist.
- "mir" - Dativpronomen, das den Empfänger der Information bezeichnet.
- "sagen" - Verb, das die Übermittlung von Informationen beschreibt.
- "wie" - Fragewort, das nach Informationen fragt.
- "spät" - Adjektiv, das die Tageszeit beschreibt.
- "es" - Pronomen, das sich auf die Uhrzeit bezieht.
- "in" - Präposition, die die Lage angibt.
- "Berlin" – Ort nach dem gefragt wird.
- "?" - Satzzeichen, das eine Frage kennzeichnet.

Schließlich wird die Absicht des Benutzers hinter der Eingabe ermittelt. Dies kann z. B. eine Frage, eine Bitte um Informationen oder eine Anweisung sein.

6) Absichtserkennung:
Erkennung der Absicht des Benutzers, die aktuelle Uhrzeit in Berlin zu erfahren.

2.2.2 Der NLG-Prozess: Generieren einer natürlichen Antwort
Nachdem der NLU-Prozess die Absicht des Benutzers verstanden hat, kommt der NLG-Prozess zum Einsatz. Dieser Prozess befasst sich damit, eine Antwort zu generieren, die sowohl informativ als auch sprachlich ansprechend ist. Dieser Prozess umfasst mehrere Schritte, welche im Folgenden dargestellt werden.

1) Textplanung:

In diesem ersten Schritt wird die Gesamtstruktur der Antwort festgelegt. Diese beinhaltet die Bestimmung der folgenden Punkte:

- Welche Informationen sollen enthalten sein?
- In welcher Reihenfolge sollen die Informationen präsentiert werden?
- Welcher Sprachstil soll verwendet werden (formell, informell, neutral)?

Nehmen wir an, der NLU-Prozess hat die Absicht des Benutzers in der Anfrage "Kannst du mir sagen, wie spät es in Berlin ist?" erkannt. Die Textplanung könnte zu folgender Entscheidung führen:

- Informationen: Die aktuelle Uhrzeit in Berlin soll mitgeteilt werden.
- Reihenfolge: Die Uhrzeit wird in einem einfachen Satz angegeben.
- Sprachstil: Der Sprachstil soll höflich und neutral sein.

2) Satzformulierung:

Basierend auf der Textplanung wird im nächsten Schritt der eigentliche Satz formuliert. Dies umfasst die folgenden Aufgaben:

- **Grammatikalische Korrektheit**: Der Satz muss grammatikalisch korrekt sein und den Regeln der deutschen Sprache entsprechen.
- **Flüssigkeit**: Der Satz sollte flüssig und leicht zu lesen sein.
- **Wortwahl**: Die richtigen Wörter müssen gewählt werden, um die Bedeutung präzise und klar zu vermitteln.[9]

Die Textplanung aus dem obigen Beispiel könnte zu folgendem Satz führen:

"In Berlin ist es jetzt 14:32 Uhr.

---

[9] Vgl. (Alwahaishi & saghari, 2022)

3 Analyse der Plattformlandschaften

Die Landschaft der Chatbot-Plattformen ist ebenso dynamisch wie die Technologie selbst. Eine Vielzahl von Anbietern hat sich auf diesem Gebiet etabliert und bietet Lösungen für unterschiedlichste Anforderungen. Dabei unterscheiden sich die Plattformen nicht nur in ihren Funktionen und technischen Grundlagen, sondern auch in ihrer Zielgruppe und ihrem Preismodell.[10]

An einem Ende des Spektrums finden sich Plattformen, die eine einfache und intuitive Erstellung von Chatbots ermöglichen, ohne dass tiefgreifende Programmierkenntnisse erforderlich sind. Diese sogenannten **Low-Code- oder No-Code-Plattformen** bieten oft vorgefertigte Vorlagen und Drag-and-Drop-Oberflächen, die es auch technisch weniger versierten Nutzern erlauben, funktionale Chatbots zu entwickeln.[11] Am anderen Ende des Spektrums positionieren sich die **Enterprise-Plattformen**. Diese sind auf die komplexen Anforderungen großer Unternehmen zugeschnitten und bieten eine hohe Skalierbarkeit sowie umfassende Anpassungsmöglichkeiten. Sie ermöglichen die Integration in bestehende IT-Landschaften und unterstützen häufig auch anspruchsvolle Anwendungsfälle wie die Verarbeitung natürlicher Sprache und das maschinelle Lernen. Für Entwickler, die eine maximale Kontrolle über ihren Chatbot wünschen, gibt es eine Vielzahl von **Open-Source-Plattformen**. Diese bieten den Vorteil, dass der Quellcode frei zugänglich ist und beliebig angepasst werden kann. Allerdings erfordert die Nutzung von Open-Source-Plattformen in der Regel tiefergehende Programmierkenntnisse.[12]

3.1 Microsoft Copilot Studio

Nachdem wir einen allgemeinen Überblick über die Chatbot-Landschaft skizziert haben wollen wir uns nun eingehender mit einer spezifischen Plattform befassen: dem Microsoft Copilot Studio.

Als integraler Bestandteil der Microsoft Azure-Suite bietet dieses Tool eine umfassende Entwicklungsumgebung, die sowohl für Einsteiger als auch für erfahrene Entwickler geeignet ist. Copilot Studio zeichnet sich durch eine intuitive Benutzeroberfläche aus, die es ermöglicht, auch ohne tiefgreifende Programmierkenntnisse komplexe Chatbots zu

---

[10] Vgl. (Srivastava & Prabhakar, 2020)
[11] Vgl. (Desolda, Lanzilotti, Matera, & Pucci, 2021)
[12] Vgl. (Daniel & Cabot, 2021)

erstellen. Auf nachfolgender Abbildung wird beispielsweise der Schnellstart eines Chatbots abgebildet:

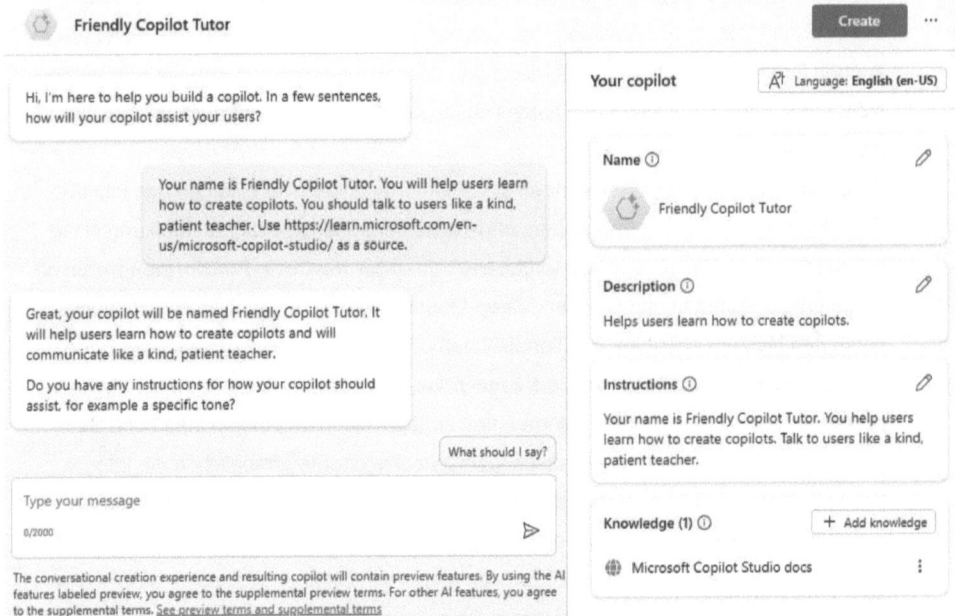

Abbildung 2 - Quickstart Copilot Studio[13]

Es stehen verschiedene Vorlagen für unterschiedliche Anwendungsbereiche, wie beispielsweise Kundenservice oder Vertrieb zur Verfügung. Diese beschleunigen den Entwicklungsprozess erheblich. Ein weiteres Highlight ist die leistungsstarke natürliche Sprachverarbeitung (NLP), die es Chatbots ermöglicht, natürliche Sprache zu verstehen und darauf zu reagieren. Die enge Integration in andere Microsoft-Dienste wie Azure Cognitive Services, Power BI und Dynamics 365 ermöglicht es, zusätzliche KI-Funktionen zu nutzen und die Chatbots nahtlos in bestehende Unternehmenslandschaften einzubinden.

Die Zielgruppe von Copilot Studio ist breit gefächert. Sowohl Entwickler, die komplexe Anpassungen vornehmen möchten, als auch sogenannte Citizen Developer, die ohne umfangreiche Programmierkenntnisse eigene Chatbots erstellen wollen, finden hier

---

[13] (D´Souza-Wiltshire, et al., 2024)

eine geeignete Plattform. Auch Unternehmen aller Größenordnungen können von den Vorteilen von Copilot Studio profitieren, um ihre Kundeninteraktionen zu automatisieren und zu verbessern.

Die Kosten für die Nutzung von Copilot Studio sind variabel und hängen von verschiedenen Faktoren ab, wie beispielsweise der Anzahl der Benutzer der Komplexität der Chatbots und der Nutzung zusätzlicher Azure-Dienste. Microsoft bietet flexible Preismodelle an, die sich an die individuellen Anforderungen anpassen lassen.

Eine der größten Stärken von Copilot Studio liegt in seiner nahtlosen Integration in die Microsoft Azure-Cloud. Dadurch können Chatbots problemlos mit anderen Azure-Diensten verbunden werden, um beispielsweise auf Echtzeitdaten zuzugreifen oder komplexe Geschäftsprozesse zu automatisieren.[14]

Jedoch ist Copilot Studio nicht ohne Einschränkungen Eine starke Abhängigkeit von der Microsoft-Infrastruktur kann den Wechsel zu anderen Plattformen erschweren. Obwohl die Benutzeroberfläche intuitiv ist, kann es für komplexe Szenarien dennoch einer gewissen Einarbeitungszeit bedürfen. Die Kosten können insbesondere für größere Unternehmen oder bei komplexen Chatbots schnell steigen. Für sehr spezifische oder hochgradig individualisierte Anforderungen kann die Flexibilität von Copilot Studio begrenzt sein.[15]

Zusammenfassend lässt sich sagen, dass Microsoft Copilot Studio eine leistungsstarke und flexible No-Code Plattform für die Entwicklung von Chatbots darstellt. Die intuitive Benutzeroberfläche, die umfassenden Funktionen und die tiefe Integration in das Microsoft-Ökosystem machen es zu einer attraktiven Option für Unternehmen, die ihre Kundeninteraktionen automatisieren und verbessern möchten. Dennoch sollten die genannten Einschränkungen bei der Auswahl der Plattform berücksichtigt werden.[16]

Zukünftig ist zu erwarten, dass Copilot Studio weiterentwickelt wird und noch mehr Funktionen und Integrationen bietet. Insbesondere die Integration von großen Sprachmodellen wird die Fähigkeiten der erstellten Chatbots erheblich erweitern und neue Anwendungsmöglichkeiten eröffnen. [17]

---

[14] Vgl. (Microsoft, 2024)
[15] Vgl. (Pexon Consulting, 2024)
[16] Vgl. (Souza-Wiltshire, Kinser, Bolduc, & Hirst, 2024)
[17] Vgl. (Microsoft, 2024)

3.2 Azure Machine Learning Studio

Azure Machine Learning Studio ist eine leistungsstarke Cloud-Plattform, die Data Scientists und Entwicklern eine intuitive Umgebung bietet, um komplexe maschinelle Lernmodelle zu erstellen und zu optimieren. Diese Plattform ist besonders wertvoll für die Entwicklung von Chatbots, da sie eine Vielzahl von Tools und Diensten zur Verfügung stellt, die den gesamten Lebenszyklus eines Machine-Learning-Projekts abdecken. Durch seine visuelle Programmieroberfläche ermöglicht das Studio eine schnelle und effiziente Entwicklung von Machine-Learning-Pipelines, ohne dass tiefgreifende Programmierkenntnisse erforderlich sind, was auf nachfolgender Abbildung ersichtlich wird.

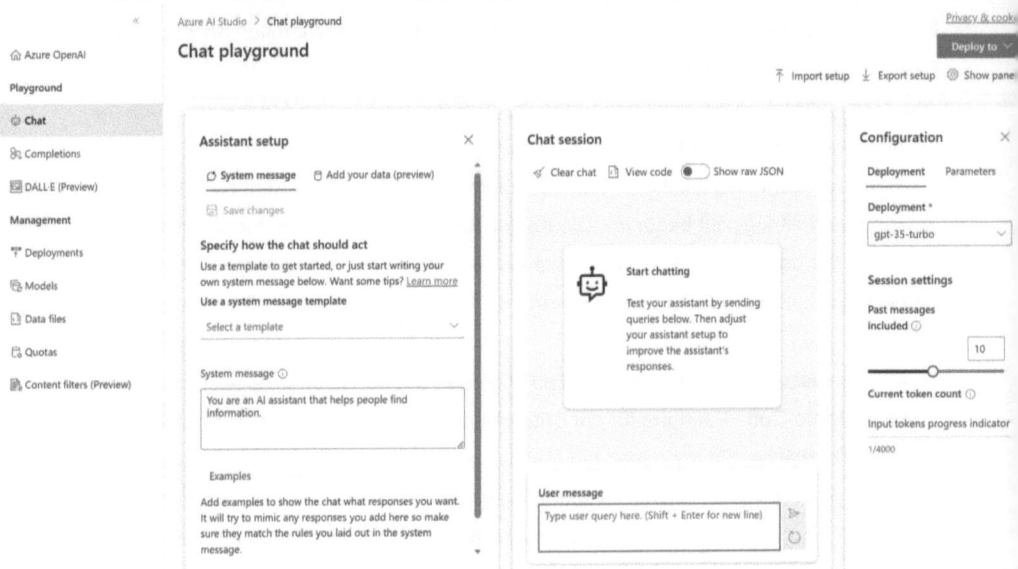

Abbildung 3 - Azure AI Studio[18]

Dies beschleunigt den Entwicklungsprozess von Chatbots erheblich, da komplexe Aufgaben wie Datenvorbereitung, Modelltraining und -bewertung visuell dargestellt und konfiguriert werden können.

Ein weiterer Vorteil von Azure Machine Learning Studio ist sein umfangreicher Katalog an vordefinierten Algorithmen. Diese Algorithmen sind speziell für verschiedene Ma-

---

[18] Vgl. (Bullwinkle, et al., 2024)

chine-Learning-Aufgaben konzipiert und können für die Entwicklung von Chatbots eingesetzt werden, um beispielsweise Nutzerabsichten zu klassifizieren, Entitäten aus Texten zu extrahieren oder menschenähnliche Antworten zu generieren.[19]

Die nahtlose Integration von Azure Machine Learning Studio mit Azure Cognitive Services, insbesondere dem Language Understanding Service (LUIS), ermöglicht eine effiziente Entwicklung von natürlichen Sprachschnittstellen. LUIS ist ein leistungsstarkes Tool zur Erkennung von Nutzerabsichten und zur Extraktion von Schlüsselwörtern aus Nutzeräußerungen.[20]

Darüber hinaus bietet Azure Machine Learning Studio AutoML-Funktionen, die es ermöglichen, automatisch das beste Modell für eine bestimmte Aufgabe zu finden. Dies spart Zeit und Ressourcen, insbesondere bei der Entwicklung von Prototypen oder wenn keine umfassende Expertise im Bereich des maschinellen Lernens vorhanden ist.[21] Trainierte Modelle können einfach in verschiedenen Umgebungen bereitgestellt werden, einschließlich Webservices, mobilen Apps und IoT[22]-Geräten. Dies ermöglicht die Integration von Chatbots in bestehende Anwendungen und Systeme.

Die Flexibilität von Azure Machine Learning Studio erlaubt eine individuelle Anpassung von Modellen an spezifische Chatbot-Anforderungen. Die Plattform ist skalierbar und kann problemlos auf große Datenmengen und komplexe Modelle erweitert werden. Durch die enge Integration in die Azure-Cloud bietet sie Zugriff auf eine Vielzahl von Diensten und Tools, die die Entwicklung und Bereitstellung von Chatbots erleichtern. Zudem profitiert man von einer großen Community, die Unterstützung und Best Practices teilt. .[23]

Obwohl Azure Machine Learning Studio eine leistungsstarke Plattform ist, erfordert die effektive Nutzung ein gewisses Maß an Fachwissen im Bereich des maschinellen Lernens. Die Kosten für die Nutzung können je nach Nutzungsumfang und gewähltem Tarif variieren. Für spezifische Chatbot-Anforderungen, die eine schnelle Entwicklung und Bereitstellung erfordern, kann eine spezialisierte Chatbot-Plattform unter Umständen besser geeignet sein.

---

[19] Vgl. (Stadler, 2019)
[20] Vgl. (Microsoft, 2024)
[21] Vgl. (Salgado, Mathur, & Wright, 2024)
[22] Internet of Things
[23] Vgl. (Bianchini, et al., 2020)

3.3 Botpress

Botpress, als eine der führenden Open-Source-Plattformen für die Entwicklung von Chatbots, bietet eine solide Grundlage für die Erstellung intelligenter, individueller Konversationsagenten. Ihre Stärke liegt in der Kombination von Flexibilität, Skalierbarkeit und einer intuitiven Benutzeroberfläche.

Anm. der Red.: Diese Abb. wurde entfernt.

Abbildung 4 - Botpress Studio

Flexibilität und Anpassbarkeit sind Kernmerkmale von Botpress. Die Plattform ermöglicht es Entwicklern, weit über vorgefertigte Templates hinauszugehen und hochgradig personalisierte Chatbots zu konzipieren. Dies wird durch eine offene Architektur ermöglicht, die die Integration eigener Modelle und Algorithmen erlaubt. So können Unternehmen sicherstellen, dass ihre Chatbots perfekt auf ihre spezifischen Geschäftsanforderungen zugeschnitten sind.

Skalierbarkeit ist ein weiterer entscheidender Faktor, insbesondere für Unternehmen, die ihre Chatbots auf wachsende Benutzerzahlen ausrichten möchten. Botpress bietet die nötige Flexibilität, um sowohl kleine als auch große Projekte zu unterstützen. Dies macht die Plattform zu einer attraktiven Option für Unternehmen jeder Größe.

Die intuitive Benutzeroberfläche ist ein weiterer Pluspunkt von Botpress. Sie ermöglicht es auch Entwicklern ohne tiefgreifende Programmierkenntnisse, komplexe Dialogabläufe zu erstellen. Ein visueller Editor vereinfacht die Gestaltung der Konversationen und beschleunigt den Entwicklungsprozess erheblich. Dies ist besonders für Unternehmen von Vorteil, die schnell Prototypen erstellen und testen möchten. Integration ist ein weiterer wichtiger Aspekt. Botpress unterstützt eine Vielzahl von Messaging-Plattformen, was eine breite Reichweite und eine nahtlose Integration in bestehende Kommunikationskanäle ermöglicht. Dies ermöglicht es Unternehmen, ihre Kunden über ihre bevorzugten Kanäle zu erreichen.[24]

Es gibt jedoch auch Aspekte, die noch verbessert werden könnten. Die Community von Botpress ist zwar wachsend, aber im Vergleich zu etablierteren Plattformen wie Rasa noch relativ klein. Dies kann sich auf die Verfügbarkeit von Ressourcen und Support auswirken. Zudem kann die Entwicklung von hochkomplexen Chatbots eine steilere Lernkurve erfordern, auch wenn die grundlegende Bedienung intuitiv ist.[25]

Botpress ist eine vielversprechende Open-Source-Plattform, die sich insbesondere für Unternehmen eignet, die flexible und anpassbare Chatbots entwickeln möchten. Ihre Stärken liegen in der Flexibilität, Skalierbarkeit und der intuitiven Benutzeroberfläche. Allerdings sollten Unternehmen die Größe der Community und die potenziell steilere Lernkurve für komplexe Anwendungen berücksichtigen.[26]

Abschließend lässt sich sagen, dass Botpress eine ernstzunehmende Alternative zu kommerziellen Chatbot-Plattformen darstellt. Unternehmen, die Wert auf Flexibilität, Anpassbarkeit und eine offene Architektur legen, sollten Botpress in ihre Überlegungen einbeziehen.[27]

---

[24] Vgl. (Batke, 2024)
[25] Vgl. (Stackshare, 2024)
[26] KI-basiertes Paraphrasieren mit dem Tool [Gemini]
[27] Vgl. (Botpress, 2024)

4 Entscheidungsfaktoren und Gegenüberstellung

Die Wahl der geeigneten Plattform für die Entwicklung eines Chatbots ist eine Entscheidung, die sich maßgeblich auf den Erfolg des Projekts auswirkt. Die Frage, die sich jedoch stellt, ist, welche Plattform die richtige für die spezifischen Anforderungen sind. Um eine fundierte Entscheidung treffen zu können, ist es unerlässlich, die verschiedenen Plattformen anhand relevanter Kriterien zu vergleichen. In diesem Kapitel werden wir uns eingehend mit den entscheidenden Faktoren beschäftigen, die bei der Auswahl einer Chatbot-Plattform berücksichtigt werden sollten.

4.1 Relevante Entscheidungsfaktoren

Um die optimale Plattform zu finden, müssen Unternehmen eine Vielzahl von Faktoren berücksichtigen. Neben den offensichtlichen Kriterien wie Funktionalitäten, Benutzerfreundlichkeit und Kosten spielen auch Aspekte wie die Integration in bestehende Systeme, die Skalierbarkeit und die Sicherheit eine entscheidende Rolle.

Wie bereits im Kapitel 2 erläutert, ist die natürliche Sprachverarbeitung ein Kernbestandteil eines jeden Chatbots. Die Plattform sollte in der Lage sein, **natürliche Sprache präzise zu verstehen** und **darauf angemessen zu reagieren**. Hierbei ist es wichtig zu unterscheiden, ob die Plattform vorgefertigte NLP-Modelle bietet oder ob eine individuelle Anpassung möglich ist. [28]

Ein weiterer wichtiger Aspekt ist das **Dialogmanagement**. Die Plattform sollte in der Lage sein, komplexe Dialoge zu führen, Kontexte zu verstehen und auf Benutzerabfragen flexibel zu reagieren. Eine **intuitive Benutzeroberfläche** erleichtert die Erstellung und Verwaltung von Dialogen und ermöglicht es auch Nutzern ohne Programmierkenntnisse, den Chatbot zu konfigurieren.

Die **Skalierbarkeit** ist ein entscheidender Faktor, insbesondere für Unternehmen, die ein schnelles Wachstum erwarten. Die Plattform sollte in der Lage sein, die steigende Anzahl von Benutzern und die wachsende Komplexität der Dialoge zu bewältigen.

Die **Integration in bestehende Systeme** ist ebenfalls von großer Bedeutung. Die Plattform sollte sich nahtlos in CRM[29]-Systeme, ERP[30]-Systeme und andere relevante Tools einbinden lassen, um einen reibungslosen Datenfluss zu gewährleisten.

---

[28] Vgl. (Khurana & Khatter, 2022)
[29] Customer Relationship Management
[30] Enterprise Resource Planning

Sicherheit und Datenschutz spielen eine immer wichtigere Rolle. Die Plattform sollte robuste Sicherheitsmechanismen bieten, um die Benutzerdaten zu schützen und die geltenden Datenschutzbestimmungen einzuhalten.

Die **Kosten** sind ein weiterer wichtiger Faktor. Neben den Lizenzkosten sollten auch die Kosten für die Infrastruktur, den Betrieb und die Wartung berücksichtigt werden. Es ist wichtig, eine detaillierte Kosten-Nutzen-Analyse durchzuführen, um den Return on Investment (ROI) zu bestimmen.

Die **Community** und der **Support** spielen ebenfalls eine wichtige Rolle. Eine aktive Community bietet die Möglichkeit, sich mit anderen Nutzern auszutauschen und von deren Erfahrungen zu profitieren. Ein guter Support ist wichtig, um bei Problemen schnell Hilfe zu erhalten.

Die **Zukunftsfähigkeit** der Plattform ist ebenfalls ein entscheidender Faktor. Die Technologie entwickelt sich rasant weiter. Daher ist es wichtig, dass die gewählte Plattform in der Lage ist, sich an neue Entwicklungen anzupassen.

4.2 Der Entscheidungsprozess zur richtigen Plattform

Die Auswahl der passenden Plattform für den Chatbot ist ein mehrstufiger Prozess, der eine sorgfältige Abwägung verschiedener Faktoren erfordert.

Zunächst sollte man eine detaillierte Anforderungsliste erstellen. Welche Aufgaben soll der Chatbot übernehmen? Welche Sprachen muss er beherrschen? Welche Integrationen sind notwendig? Diese Fragen helfen dabei, die passenden Plattformen einzugrenzen.

Im nächsten Schritt erstellt man eine engere Auswahl von Plattformen, die den Anforderungen entsprechen. Hierbei könnte man sich an Online-Vergleichen, Kundenbewertungen und Demos orientieren.

Um die ausgewählten Plattformen genauer unter die Lupe zu nehmen, empfiehlt es sich, kleine Testprojekte durchzuführen. Diese sogenannten Proof-of-Concepts geben einen praktischen Eindruck von den Stärken und Schwächen der jeweiligen Plattform.[31]

Nach Abschluss der Testphase bewertet man die Ergebnisse anhand der zuvor definierten Kriterien. Welche Plattform bietet die beste Performance, die einfachste Bedienung und die gewünschte Funktionalität?

---

[31] (Team Asana, 2024)

Auf Basis dieser Bewertung kann schließlich die Entscheidung für die Plattform, die den Projektanforderungen am besten entspricht, getroffen werden.

4.3 Gegenüberstellung der Plattformen

Nachfolgend werden die drei vorgestellten Cloud-Plattformen Azure ML Studio, Copilot Studio und Botpress anhand der erläuterten Entscheidungsfaktoren verglichen. Ziel ist es, eine fundierte Entscheidungsgrundlage für die Auswahl der am besten geeignete Plattform zu schaffen.

Merkmal	Azure ML-Studio	Copilot Studio	Botpress
Benutzerfreund- lichkeit	Komplex, erfordert ML- Kenntnisse	Intuitiv, Low-Code/No- Code	Flexibel, mittlere Lern- kurve
Skalierbarkeit	Hoch, skaliert gut mit Azure	Mittel, geeignet für mitt- lere Projekte	Gut skalierbar durch Deployment
Kosten	Verbrauchbasiert, kann teuer werden	Flexible Modelle, kos- tenlose Version	Open-Source, geringe Betriebskosten
Integration	Breite Palette, gut im Azure-Ökosystem	Gute Integration in gän- gige Kanäle	Hohe Flexibilität durch API
Sicherheit	Hoch, profitiert von Azure- Sicherheit	Soli, Datenschutzfunkti- onen	Abhängig von Konfigu- ration
Support	Umfassend durch Microsoft	Gut, weniger umfachn- greich als Azure	Aktive Community, weniger formaler Sup- port
Zukunftsfähigkeit	Hoch, kontinuierliche Ent- wicklung	Positiv, Fokus auf Low- Code/ No-Code	Aktiv, Entwicklung durch Community
Spezifische Funk- tionen	Umfassende Auswahl an Algorithmen, AutoML, Hy- perparameter-Tuning	Fokus auf natürliche Sprache, Dialogma- nagement, Integration in MS[32]-Teams	Open-Source und flex- ibe

Die Wahl der optimalen Plattform hängt von den spezifischen Anforderungen des Projekts ab. **Azure ML Studio** eignet sich für komplexe Chatbots mit hohem Anspruch an Machine Learning und Integration. **Copilot Studio** ist eine gute Wahl für Unternehmen, die eine schnelle und einfache Entwicklung von Chatbots suchen. **Botpress** bietet eine

---

[32] Microsoft

flexible und kostengünstige Lösung für Unternehmen, die eine hohe Anpassbarkeit be-nötigen. Für Projekte mit hohem Anspruch an Skalierbarkeit, Integration und Machine Learning ist Azure ML Studio eine gute Wahl. Für Unternehmen, die eine schnelle und einfache Entwicklung von Chatbots suchen, ist Copilot Studio empfehlenswert. Botpress eignet sich für Unternehmen, die eine hohe Flexibilität und eine aktive Community schätzen.

Die Wahl der richtigen Chatbot-Plattform ist keine Einheitslösung, sondern hängt stark von den individuellen Anforderungen unseres Projekts ab. Indem wir die oben genann-ten Schritte gemeinsam durchlaufen und die spezifischen Bedürfnisse unseres Chat-bots im Blick behalten, erhöhen wir unsere Chancen, die optimale Plattform zu finden. Es ist wichtig zu betonen, dass die beste Plattform nicht immer die bekannteste oder teuerste ist. Vielmehr sollte sie perfekt auf die individuellen Anforderungen des Projekts zugeschnitten sein.[33]

---

[33] KI-basiertes Paraphrasieren mit dem Tool [Gemini]

5 Zusammenfassung und Fazit

Die vorliegende Arbeit hat sich zum Ziel gesetzt, Entscheidungsträgern in Unternehmen und Entwicklern eine fundierte Grundlage für die Auswahl geeigneter Chatbot-Plattformen zu bieten. Durch eine umfassende Analyse der theoretischen Grundlagen und einer detaillierten Untersuchung von drei repräsentativen Plattformen – Azure ML Studio, Copilot Studio und Botpress – wurden die Stärken und Schwächen der einzelnen Lösungen herausgearbeitet.

Die Ergebnisse zeigen, dass die Wahl der optimalen Plattform von einer Vielzahl individueller Faktoren abhängt. Während Azure ML Studio insbesondere für komplexe Anwendungsfälle und technisch versierte Nutzer geeignet ist, bietet Copilot Studio eine benutzerfreundliche Oberfläche für weniger erfahrene Entwickler. Botpress zeichnet sich durch seine Flexibilität und Anpassbarkeit aus.

Die Arbeit wurde jedoch bewusst auf eine Auswahl von Plattformen beschränkt. Die Gewichtung der Kriterien ist subjektiv erfolgt. Eine umfassendere quantitative Analyse könnte zukünftig weitere Erkenntnisse liefern. Zudem könnten ethische Aspekte der Chatbot-Entwicklung, wie beispielsweise Bias in Algorithmen oder Datenschutzfragen, stärker in den Fokus genommen werden.

Zukünftige Entwicklungen im Bereich der künstlichen Intelligenz, insbesondere im Bereich der großen Sprachmodelle, werden die Fähigkeiten von Chatbots weiter revolutionieren. Es ist zu erwarten, dass Chatbots in Zukunft noch natürlicher und intelligenter kommunizieren und eine noch größere Bandbreite an Aufgaben übernehmen können.

Zusammenfassend liefert diese Arbeit einen wertvollen Beitrag zur systematischen Bewertung von Chatbot-Plattformen. Sie bietet eine Orientierungshilfe für Unternehmen und Entwickler und regt zu weiterer Forschung an.

6   Literaturverzeichnis

Abdulla, H., Eltahir, A., Alwahaishi, S., Saghair, K., Platos, J., & Snasel, V. (Januar 2023). Abgerufen am August 2024 von https://ieeexplore.ieee.org/document/10017592

Alwahaishi, S., & saghari, K. (Juli 2022). Abgerufen am August 2024 von https://doi.org/10.1109/CSCC55931.2022.00030

Batke, A. (20. Mai 2024). Abgerufen am September 2024 von https://aiadvice.de/botpress-erstellen-von-ai-chatbots-auf-einer-open-source-plattform/

Bianchini, R., Fontoura, M., Cortez, E., Anand, B., Muzio, A., Constantin, A.-M., . . . Russinovich, M. (Februar 2020). Abgerufen am August 2024 von http://dx.doi.org/10.1145/3364684

Botpress. (September 2024). Abgerufen am September 2024 von https://botpress.com/docs/home

Bullwinkle, M., Erickson, K., Mehrotra, N., Greene, M., Bradish, D., Urban, E., & Jenks, A. (04. September 2024). Abgerufen am September 2024 von https://learn.microsoft.com/de-de/azure/ai-services/openai/chatgpt-quickstart?tabs=command-line%2Cpython-new&pivots=programming-language-studio

Burko, A. (2019). *Machine Learning Kompakt.* mitp Verlag.

Chao, M.-H., Trappey, A. J., & Wu, C.-T. (25. Mai 2021). Abgerufen am August 2024 von https://doi.org/10.1155/2021/5511866

D´Souza-Wiltshire, I., Kent, S., Haskett, J., Kinser, E., Bolduc, S., Swimm, P., & Nielsen, S.-E. (2024). Abgerufen am Septembeer 2024 von https://learn.microsoft.com/en-us/microsoft-copilot-studio/fundamentals-get-started?tabs=web

Daniel, G., & Cabot, J. (28. Mai 2021). Abgerufen am August 2024 von https://doi.org/10.1109/ICSE-Companion52605.2021.00138

Desolda, G., Lanzilotti, R., Matera, M., & Pucci, E. (17. Oktober 2021). Abgerufen am August 2024 von https://dl.acm.org/doi/10.1145/3486949.3486962

El Naqa, I., Li, R., & Murphy, M. J. (2015). *Machine Learning in Radiation Oncology.* Montreal: Springer.

Elov, B. B., Khamroeva, S. M., & Y., X. Z. (11. August 2023). Abgerufen am August 2024 von https://doi.org/10.1051/e3sconf/202341303011

Gemini. (2024). Abgerufen am September 2024 von gemini.google.com

Khurana, & Khatter. (14. Juli 2022). Abgerufen am August 2024 von https://doi.org/10.1007/s11042-022-13428-4

Microsoft. (2024). Abgerufen am August 2024 von https://www.microsoft.com/en-us/microsoft-copilot/microsoft-copilot-studio#tabs-pill-bar-ocb9d4_tab2

Microsoft. (2024). Abgerufen am August 2024 von https://www.microsoft.com/de-de/microsoft-copilot/microsoft-copilot-studio?market=de

Microsoft. (09. September 2024). Abgerufen am September 2024 von https://learn.microsoft.com/de-de/azure/ai-services/luis/what-is-luis#what-does-luis-offer

Pexon Consulting. (20. August 2024). Abgerufen am August 2024 von https://pexon-consulting.de/microsoft-copilot-vs-azure-ai-studio/

Riley, R. (19. März 2024). Abgerufen am August 2024 von
https://www.microsoft.com/en-us/microsoft-copilot/blog/copilot-studio/building-
your-own-copilot-with-copilot-studio/

Salgado, S., Mathur, R., & Wright, E. (September 2024). Abgerufen am September
2024 von https://learn.microsoft.com/de-de/azure/machine-learning/how-to-use-
automated-ml-for-ml-models?view=azureml-api-2

Saltz, J. (22. Juni 2022). Abgerufen am August 2024 von https://www.datascience-
pm.com/machine-learning-process/

Schumacher, C. (12. März 2024). Abgerufen am August 2024 von https://powell-
software.com/de/resources/blog/ki-chatbot/

Souza-Wiltshire, I., Kinser, E., Bolduc, S., & Hirst, L. (6. April 2024). Abgerufen am
August 2024 von https://learn.microsoft.com/en-us/microsoft-copilot-
studio/fundamentals-what-is-copilot-studio

Srivastava, S., & Prabhakar, T. (November 2020). Abgerufen am August 2024 von
https://doi.org/10.1109/HCCAI49649.2020.00016

Stackshare. (2024). Abgerufen am September 2024 von
https://stackshare.io/stackups/botpress-vs-rasa-nlu#pros

Stadler, M.-L. (August 2019). Abgerufen am September 2024 von
https://mindsquare.de/knowhow/azure-machine-learning-studio/

Team Asana. (24. Februar 2024). Abgerufen am September 2024 von
https://asana.com/de/resources/proof-of-concept

Wuttke, L. (24. Mai 2024). Abgerufen am August 2024 von
https://datasolut.com/natural-language-processing-vs-nlu-vs-nlg-unterschiede-
funktionen-und-
beispiele/#:~:text=Natural%20Language%20Processing%20setzt%20sich,mit%2
0der%20Erzeugung%20natürlicher%20Sprache